essentials

Essentials liefern aktuelles Wissen in konzentrierter Form. Die Essenz dessen, worauf es als „State-of-the-Art" in der gegenwärtigen Fachdiskussion oder in der Praxis ankommt. *Essentials* informieren schnell, unkompliziert und verständlich

- als Einführung in ein aktuelles Thema aus Ihrem Fachgebiet
- als Einstieg in ein für Sie noch unbekanntes Themenfeld
- als Einblick, um zum Thema mitreden zu können

Die Bücher in elektronischer und gedruckter Form bringen das Fachwissen von Springerautor*innen kompakt zur Darstellung. Sie sind besonders für die Nutzung als eBook auf Tablet-PCs, eBook-Readern und Smartphones geeignet. *Essentials* sind Wissensbausteine aus den Wirtschafts-, Sozial- und Geisteswissenschaften, aus Technik und Naturwissenschaften sowie aus Medizin, Psychologie und Gesundheitsberufen. Von renommierten Autor*innen aller Springer-Verlagsmarken.

Robert Caspar Müller · Jürgen Schulz ·
Andreas Galling-Stiehler

Katastrophale Kommunikation

Sicher ungewiss

Springer VS

Robert Caspar Müller
Berlin, Deutschland

Andreas Galling-Stiehler
Berlin, Deutschland

Jürgen Schulz
Berlin, Deutschland

ISSN 2197-6708   ISSN 2197-6716 (electronic)
essentials
ISBN 978-3-658-44863-9   ISBN 978-3-658-44864-6 (eBook)
https://doi.org/10.1007/978-3-658-44864-6

Die Deutsche Nationalbibliothek verzeichnet diese Publikation in der Deutschen Nationalbibliografie; detaillierte bibliografische Daten sind im Internet überhttps://portal.dnb.de abrufbar.

Planung/Lektorat : Barbara Emig-Roller
Springer VS ist ein Imprint der eingetragenen Gesellschaft Springer Fachmedien Wiesbaden GmbH und ist ein Teil von Springer Nature.
Die Anschrift der Gesellschaft ist: Abraham-Lincoln-Str. 46, 65189 Wiesbaden, Germany

Wenn Sie dieses Produkt entsorgen, geben Sie das Papier bitte zum Recycling.

Was Sie in diesem *essential* finden können

- Wie katastrophale Kommunikation sich von der Risiko- und Krisenkommunikation unterscheidet
- Wie man sich mit der Katastrophe vertraut machen und mit dem Tabu des Endes brechen kann
- Wie katastrophale Kommunikation Verantwortung über das Ende hinaus möglich macht
- Wie tiefes Erzählen das Unerhörte zur Sprache bringen kann

Zur Rolle eines Geschichtenerzählers gehört, neben der Tür zu stehen und dafür zu sorgen, dass sie offen bleibt.

Delphine Horvilleur [2021] 2022
Mit den Toten leben

Es gibt ein Danach nach dem »Danach …«.

Jonathan Lear [2006] 2021
Radikale Hoffnung. Ethik im Angesicht kultureller Zerstörung

Vorwort

Deutschland 2024: für Negativismus ist gesorgt. Katastrophen werden ins Zentrum der öffentlichen Aufmerksamkeit gerückt, wo sie sich letztlich verbergen hinter dem paternalistischen und populistischen Gerede über Resilienz. Die Beschwörungen des Endes gehen so mit seiner Tabuisierung einher: bloß nicht darüber reden, dass es so nicht weitergeht. Das ist für eine Demokratie selbstgefährdend. Wir haben mit Menschen gesprochen, die dieses Tabu gebrochen haben. Wir haben viel von ihnen gelernt und uns dazu theoretische und methodische Gedanken gemacht. Und ein drittes Mal, verehrte Leser*innen, würden wir Sie gern dazu einladen.

Berlin   Robert Caspar Müller
den 12. März 2024   Jürgen Schulz
                                              Andreas Galling-Stiehler

Inhaltsverzeichnis

Über die Autoren

Dr. Robert Caspar Müller, Prof. Dr. Jürgen Schulz und Dr. Andreas Galling-Stiehler lehren und forschen an der Universität der Künste Berlin. Gemeinsam haben sie das Institut für Auftragskommunikation in Berlin gegründet. Ihre Arbeitsschwerpunkte liegen in der Beratung, Forschung und Redaktion für Unternehmen und Institutionen.

„Globale Erwärmung, Klimawandel, Artensterben, Hungersnöte in Kongo, in Afghanistan, Äthiopien, Südsudan, Madagaskar und dem Jemen, Krieg in der Ukraine. Und in: Kolumbien, Mali, Nigeria, Kamerun, Somalia, Mosambik, Syrien, Irak, Gaza, Afghanistan, Pakistan, Indien, Myanmar und … Putsch-Welle auf dem afrikanischen Kontinent. Covid-19-Pandemie und weltweiter Lockdown. Inflation. Politische Instabilität in Haiti, Burkina Faso, Südsudan, Jemen und dem Kongo. Erstarkende Rechte in Spanien, Deutschland, Schweden, Italien, Frankreich, Griechenland und Slowakei. Politikwandel. Postfaktizität." (Ovesen und Becker 2024: 9).

So beschreibt die Kuratorin und Künstlerische Direktorin des KINDL-Kulturzentrums für zeitgenössische Kunst, Kathrin Becker, anlässlich der Ausstellung „Poly. A Fluid Show" das Stimmungsbild der 2020er Jahre. Der Negativismus als das vordringliche mediale Redaktions- und Vermarktungsprinzip des 20. Jahrhunderts ist im 21. Jahrhundert zu einem kulturellen Prinzip geworden. Seine aktivistische wie kulturelle Verarbeitung und Bewirtschaftung trägt martialische Namen wie Extinction Rebellion, codiert Praktiken wie Recycling und Umweltschutz um als The Great Repair oder stiftet neue Bewegungen: Polykultur, Transition, Kosmolokalismus u.v. a. m. Das Neue: Darstellungen von Verheerungen der Natur, Krieg und Verbrechen, Missbrauch und Gewalt finden Eingang in nahezu alle gesellschaftlichen Bereiche. Eine neue katastrophische Ästhetik in Wort und Bild hat den marktschreierischen Sensationalismus des 20. Jahrhunderts abgelöst – das scheint für Aufklärung und Verschwörungstheorie fast gleichermaßen zu gelten. Ob non-binäre Polykultur oder deutsche Leitkultur: Es haben sich exklusive Sprach- und Bildkulturen des Faktischen

© Der/die Autor(en), exklusiv lizenziert an Springer Fachmedien Wiesbaden GmbH, ein Teil von Springer Nature 2024
R. C. Müller et al., *Katastrophale Kommunikation*, essentials,
https://doi.org/10.1007/978-3-658-44864-6_1

entwickelt, die den jeweils Ausgeschlossenen Postfaktizität vorwerfen. Angesichts des menschheitsbedrohenden Ausmaßes weltweiter Krisen, angesichts der menschlichen Katastrophen des 21. Jahrhunderts wäre nun auch eine globale Solidarität angesichts des drohenden Endes unserer Gattung denkbar. Doch dazu müsste nach unserer Überzeugung das Ende selbst erst einmal wieder denk- und vor allem kommunizierbar werden. Es wären erzählbare Enden der Gewohnheiten, als Mensch, als Gemeinschaft, als Gesellschaft zu leben. Es wären Erwiderungen auf den legendären Aufruf Rainer Maria Rilkes von 1907: „Du mußt Dein Leben ändern!"

Das Klima kennt wie die Natur als solche eigentlich keinen gefährdenden Wandel, geschweige denn ein Unglück darin. Die „Klimakatastrophe" ist geologisch betrachtet ganz im Sinne des griechischen Wortes *katastrophé* lediglich eine Wendung. Nur der menschlichen Natur ist die Katastrophe – wie Krieg, Seuchen und anderes Ungemach und Unglück – eine drohende Gefahr. Die mehrheitlich üblichen Bewältigungsstrategien liegen einstweilen vor allem in Moralismus, Empörung und Verschwörung oder sie beschäftigen sich mit der zukunftsgewandten Abwendung des drohenden Endes. Dabei wird aber das Ende notwendig tabuisiert, damit die Versprechen der dazugehörigen Bewältigungsstrategien einleuchten. Bedrohungen des Tabus werden abgewehrt oder in Stärken umgemünzt.

1.1   Endzeitmoralismen

Es ist ein Paradox: Je stärker der Negativismus in den Medien wie eine Angstsignalmaschine funktionierte und Endzeitszenarien in Dauerschleife präsentierte, desto weiter entrückte das Ende der Realität. In dieser Lücke ist in den 2020er Jahren eine Hochkonjunktur und zum Teil auch Hochkultur an Endzeitmoralismen entstanden, die Identifikationsangebote machen: Klimaschützer:in, Querdenker:in, Pionier:in, woke & sustainable!

Aber die Integration über Moral funktioniert gesellschaftlich nicht – das dekretierte Niklas Luhmann bereits bei seiner Dankesrede „Paradigm lost. Über die ethische Reflexion der Moral" zur Verleihung des Hegel-Preises 1989: „Wenn nun die Annahme zutrifft, daß die moderne Gesellschaft nicht mehr über Moral integriert sein kann und auch nicht mehr den Menschen über Moral ihre Plätze anweisen kann, dann muß die Ethik in der Lage sein, den Anwendungsbereich der Moral zu limitieren. Müssen wir denn Tag für Tag hinnehmen, daß die Politiker der Regierungs- und Oppositionsparteien sich verbalmoralisch bekämpfen, obwohl wir, Demokratie richtig verstanden, gar nicht aufgefordert sind, zwischen ihnen unter Gesichtspunkten der Moral zu wählen? (…) Und vor allem: wie soll die Übernahme von Risiken mit Achtungserweis oder mit Achtungsentzug sanktioniert werden, wenn es gar kein nichtriskantes Verhalten gibt und die Ethik, bislang jedenfalls, keine konsensfähigen Kriterien entwickelt hat? Angesichts dieser Sachlage ist die vielleicht vordringlichste Aufgabe der Ethik, vor Moral zu warnen." (Luhmann 1990: 40 f.)

Die alte Pointe zum alten Zwist, ob es nicht eigentlich weniger um Ethik als vielmehr um Kommunikation, also um das Reden über das Reden und Sich-Einigen darüber gehen mag und à la Jürgen Habermas die Ethik also vielleicht in der Kommunikation selbst liegen mag, – diese unentscheidbare Pointe führt zumindest uns zurück zu Entscheidungen (zur Kommunikation) und dem Nachdenken darüber. Meist charakterisiert dieses Denken ein Bestreben, ein zunächst undenkbares Ende zunächst zu vermeiden: Sicherheit und Krisenbewältigung.

1.2 Vermeidungsstrategien gegen das Ende

Die Menschheit gibt sich, allem Negativismus zum Trotz, nicht geschlagen. In „Selbstgewiss ins Ungewisse" (Galling-Stiehler, Schulz, Müller 2021) haben wir alternative Wege für die Auftragskommunikation von Organisationen in der Krise aufgezeigt. Dagegen verspricht der Mainstream Katastrophenvermeidung. Welche Vermeidungsstrategien lassen sich unterscheiden?

1.2.1 Mit Sicherheit gegen Unsicherheit

Beim Wort Strategie denken viele zunächst an Ziele bzw. Zwecke. Wie wäre es, wenn man sicher vor Krisen und Katastrophen wäre? Wenn Sicherheit ein vorrangiges „Supergrundrecht" der Verfassung wäre, so wie einst die Bundesinnenminister Schily (SPD) und Friedrich (CSU) ihr Ziel propagierten. Dass viel von Sicherheit gesprochen wird, mag auch ein Anlass gewesen sein, Sicherheit zum „Megatrend" (Zukunftsinstitut 2023) zu erklären.

Dabei bedeutet Sicherheit ursprünglich ein sorgenfreies Leben (Kluge 1999: 761) und beträfe damit auch Einsamkeit, Pflegenotstand oder die Kita- und Bildungsmiseren. Solche offenkundigen Sorglosigkeiten werden aber wohl weniger mit dem Begriff Sicherheit verbunden. Aber vielleicht ist das ein Grund, warum diejenigen, die sich gewerbsmäßig um Menschen in kritischen und bedrohlichen Lebensumständen sorgen, manchmal ausgeblendet werden.

Ganz und gar nicht ausgeblendet wird das Wort Sicherheit im politischen Totalitarismus. Die berüchtigte rumänische Staatssicherheitsbehörde Securitate (Sicherheit) oder das Reichssicherheitshauptamt (RSHA) der Nazidiktatur verwalteten und fabrizierten Menschenrechtsverletzungen und Massenvernichtungen unter dem Deckmantel der Sicherheit. Dabei wird die paranoide Vorstellung von absoluter Sicherheit, „Permanent Security" (Moses 2021), sogar als Argument für Völkermord diskutiert.

Die Sicherheitsbedürfnisse der einen können anderen Sorgen bereiten. Erst recht, wenn man die dazugehörigen Strategien der Zielerreichung bedenkt. Um Sicherheit zu erreichen, müssen „Zweckprogramme" (Luhmann 1973: 101 ff.) im Angesicht einer ungewissen und damit unsicheren Zukunft entscheiden. Die dafür eingesetzten Mittel variieren und können durchaus erfinderisch sein. Manchmal überschreiten sie sogar den rechtlichen Rahmen. „Was nicht verboten ist, ist erlaubt", schreibt Luhmann (2000: 266) über die Variabilität dieser Mittelwahl von Zweckprogrammen. So überrascht es nicht, wenn im Katastrophenfall einer Pandemie für die Sicherheit schon mal die Grundrechte eingeschränkt werden, um außerordentliche Maßnahmen zu erlauben.

Eine andere Beschäftigung mit Sicherheit wird als „Unsicherheitsabsorption" (March und Simon 1958: 165) bezeichnet. Luhmann geht sogar so weit, „den Begriff der Zweckorientierung durch den Begriff der Unsicherheitsabsorption" (Luhmann 2000: 184 ff.) zu ersetzen. So besteht z. B. Unsicherheit in einer konkret empfundenen Bedrohungslage hinsichtlich möglicherweise eintretender Ereignisse.

Zur Unsicherheit kommen in der sogenannten VUCA-Welt des unvorhersehbaren Wandels Veränderlichkeit, Komplexität und Mehrdeutigkeit (vgl. Galling-Stiehler, Schulz, Müller 2021: 10). Die Verteidigungsexpertin Aura Codreanu präsentiert einen Vorschlag zum Umgang damit (Codreanu 2016). Ist es Zufall oder ein rhetorischer Kniff, dass sie der VUCA-Welt einen VUCA-Handlungsrahmen („Vision, Understanding, Clarity, Agility") entgegensetzt?

Von einer metaphysischen Unsicherheitsabsorption berichtet Hans Blumenberg. Demnach sollen in der Adventszeit 1985 Fischer aus Papua-Neuguinea die Bibel lesend und das Papier verspeisend einen Schiffbruch überlebt haben (Blumenberg 1987: 22). Über diese und andere Ursachen und Wirkungen lässt sich streiten; ebenso über die unsichere Erwartung, dass Ereignisse eintreten werden.

Im 17. Jahrhundert entwickelten die Mathematiker Blaise Pascal und Pierre de Fermat eine Wahrscheinlichkeitstheorie, um Unsicherheiten zu berechnen. Die Corona-Pandemie ist ein Ereignis, das wahrscheinlich einmal in einem Zeitraum von 100 bis 1000 Jahren eintritt (Deutscher Bundestag 2013). Wie wir erlebt haben, bietet die korrekte Berechnung der Wahrscheinlichkeit keine Sicherheit für die Zukunft. Wahrscheinlichkeitsrechnung berechnet Unsicherheiten, die allerdings auch nicht sicher eintreten. Über die Möglichkeit der Messbarkeit zukünftiger Ungewissheiten gibt es theoretisch begründeten Zweifel (Taleb 2013: 28) und die empirische Erkenntnis, dass „ökonomische Modelle sieben der beiden letzten Rezessionen vorausgesagt haben" (Esposito 2007: 115).

1.2.2 Gefahr oder Risiko deklarieren

„Krise kann ein produktiver Zustand sein. Man muss ihr nur den Beigeschmack der Katastrophe nehmen", soll Max Frisch gesagt haben. Für Schriftsteller*innen ist Wirklichkeit ein Kontext. Damit ist aber nicht nur Art und Ausmaß einer Katastrophe gemeint. Niklas Luhmann unterscheidet Risiko und Gefahr hinsichtlich der „Zurechenbarkeit von Entscheidungen" (Luhmann 1991: 30 f. und Luhmann 2000: 273 f.). Wir können uns entscheiden, etwas zu riskieren (im engl. wortwörtlich *risk taking*) oder wir sehen uns angesichts einer Gefahr außerstande, zu entscheiden. Bedrohungen werden als Risiko *manageable,* das heißt berechenbar. Auch wenn die Zukunft keine Sicherheit bietet und das Unwahrscheinliche eintritt, kann sich das Risikomanagement zumindest sicher sein, richtig gerechnet zu haben.

Wer allerdings Risiken als Gefahr deklariert, sieht sich nicht in der Verantwortung bzw. schiebt diese auf andere. Das führt meist unausweichlich zu Konflikten zwischen denen, die sich in Gefahr wähnen und denen, die ein Risiko verantworten (Luhmann 1991: 31). Für diese Zurechnungen ist ein weiterer Bedeutungshintergrund des Wortes Sicherheit bemerkenswert. Denn Sicherheit bedeutet ursprünglich nicht nur „ohne Sorge", sondern auch „schuld- und straffrei" (Kluge 1999: 761). Sicherheit als Freiheit von Schuld und Strafe wäre damit ein juristischer Tatbestand und damit ein zu klärender Fall strafrechtlicher Verantwortung. Auch ohne konkrete Erfahrung lassen sich Gefahren vorab befürchten. Gefahren ist es egal, ob wir sie als Risiko annehmen und akzeptieren, sie bleiben gefährlich und beängstigend. Aber mit der Unterscheidung von Risiko und Gefahr gewinnt man zumindest Entscheider*innen bzw. Schuldige.

1.2.3   Absolut gegen den Zufall

Zufall ist eine Übersetzung des gleichbedeutenden lateinischen Wortes *accidēns*.
Im Englischen ist die Wortherkunft noch zu erkennen. Allerdings bedeutet Acci-
dent nicht nur Zufall, sondern auch Unfall und ist damit gleichbedeutend mit
Unglück. Unglücke können durch Versicherungen entschädigt werden. Doch das
ist nur eine Kompensation, denn das Unglück kann dadurch nicht vermieden
werden.
     Zufälle als solche werden nicht einfach hingenommen. Der Philosoph Odo
Marquard begründet diese Haltung mit der „Absolutmachung des Menschen",
die in der Moderne „nicht ihre Zufälle, sondern ausschließlich ihre Wahl, und
zwar ihre absolute Wahl" (Marquard 1986: 120) sein sollen.
     Die eigentliche Vermeidungsstrategie gegenüber Zufällen versucht das
Unglück zu kausalisieren, sucht also nach Gründen und findet diese. Man erwehrt
sich des Zufalls, indem man einen Sinn sucht und eine Geschichte dahinter
vermutet. Das Erzählerische funktioniert, so der Dichter, Literaturkritiker und
Philosoph Samuel Taylor Coleridge (1907: 6), durch eine „willentliche Ausset-
zung der Ungläubigkeit" in der Rezeption des Erzählten. Geschichten leben von
ihren Akteurinnen und Akteuren. Verhängnisvoll wird es, wenn im Unglücksfall
fiktive Erzählungen mit real existierenden Menschen besetzt werden. Der Zufall
will es, dass Unschuldige und Unbeteiligte in Verschwörungsgeschichten in die
Rollen der Sündenböcke gebracht werden. Das ist das eigentliche Unglück des
Zufalls, dass die Menschen und vor allem die Mächtigen ihre Machtlosigkeit
gegenüber Zufällen nicht aushalten und sie anderen zurechnen.
     Für Odo Marquard ist der Zufall „einer der schlimmsten Feinde von Freiheit
und Würde des Menschen". Er nimmt das zum Anlass für eine „Apologie des
Zufälligen"; denn „es wäre ein Zeichen mangelnder Freiheit, wenn der Mensch
unwürdig über seine Verhältnisse lebte: über die Verhältnisse der Endlichkeit"
(Marquard 1986: 117).

1.2.4   Mit Exit-Strategie zurück in die Normalität

In Zeiten, die als krisenhaft oder sogar katastrophal empfunden werden, wün-
schen sich viele die Rückkehr zur Normalität. Dabei ist Normalität zunächst eine
subjektive Empfindung des Gewohnten. Wie der Normalismus-Forscher Jürgen
Link (2013: 115 ff.) hervorhebt, entwickelt sich erst in der Moderne ein kollekti-
ves Normalitätsbewusstsein. Voraussetzung dafür ist die statistische Vermessung
der Gesellschaft. Das aus dem französischen *statistique* entlehnte Wort Statistik

bezeichnete ursprünglich eine Staatswissenschaft der Verdatung. Die Dominanz von statistischen Auswertungen mit ihren Diagrammen hat nahezu alle Bereiche des Lebens durchdrungen und längst auch die Privatsphäre erfasst.

Häufigkeitsverteilungen, Mittelwerte, Streuungs- und Verteilungsmaße gehören zum Handwerkszeug der Statistik und verraten bereits durch die Bezeichnung ihre Intention. Ihr Interesse galt und gilt dem Normalen, nicht zuletzt, um Abweichung vom Normalen zu identifizieren und möglicherweise zu beheben. Die berühmte Glockenkurve der Normalverteilung geht zurück auf den Göttinger Mathematiker, Physiker und Astronomen Carl Friedrich Gauß. Ursprünglich als Verteilungsgesetz für zufällige Beobachtungsfehler ersonnen, ist die Glockenkurve zum populären Bild der Normalität geworden. Die Frage ist, was die Kurven und Diagramme versprechen. Welche Normalität entsteht, wenn Qualitäten, Freud und Leid, Luxus und Elend, Liebe und Gewalt, vorrangig als Quantitäten wahrgenommen werden? Ursprünglich dienten die Linien, Kurven, Balken- und Tortendiagramme der Verständlichkeit. Längst sind aus diesen Versuchen, Wirklichkeiten abzubilden, grobe Unterschlagungen von Wirklichkeiten geworden. Ganz anders definiert der amerikanische Sozialwissenschaftler Charles Perrow (1984) die von Menschen ausgelösten technologischen Katastrophen nicht als Abweichung, sondern als normale Ereignisse. Noch drastischer berichtet Arno Gruen (1987) von Katastrophen der Unmenschlichkeit, die sich als „Wahnsinn der Normalität" gebärden.

Auf der Suche nach einem Rückweg in die Normalität debattierten Politik, Wissenschaft und Sachverständige nach dem Lockdown des Frühjahrs 2020 über eine „Exit-Strategie". Überwiegend ging es dabei um die Rückkehr zu einer individuellen und kollektiven Vorstellung von Normalität. Warum dafür das Wort Exit herhalten muss, ist fraglich. Ist doch bei Exit, abgesehen von der synonymen religiösen Bedeutung des Heimgangs, keine Rückkehr vorgesehen. Der lateinische Ursprung des Wortes verweist auf das Ende. Für Mediziner*innen ist der Exitus das Ende ihrer Möglichkeiten.

1.2.5 Strategie der Vermeidungsstrategie

Vermeidungsstrategie ist ja eigentlich ein Oxymoron, geht es doch bei Strategien vor allem um Möglichkeitserweiterung und nicht um Vermeidung. „Strategisches Denken und Handeln schafft Möglichkeitsräume" (Schulz 2022: 82) und vermeidet sie nicht.

Eine Exit-Strategie findet sich zwar auch im chinesischen Arsenal der 36 Strategeme, den „Lebens- und Überlebenslisten aus drei Jahrtausenden" (Senger 2011). Dort wird das „Weglaufen" im abschließenden 36. Strategem als die beste Methode gepriesen. Allerdings unterstellt dies, dass die Weglaufenden nicht eingeholt werden. Das Strategem hätte also nur aufschiebende Wirkung; denn das Ende holt jede*n ein.

Die beschriebenen Vermeidungsstrategien mögen diese Funktion erfüllen. Aber sie bleiben Antworten schuldig. Wir müssen uns daher tiefer in die Katastrophe bzw. das Ende hineindenken.

1.3 Tabubruch: zu Ende reden

Mit der Massenkommunikation hat das christliche Abendland das Heilsversprechen ewigen Lebens verkehrt: Heute beendet der Tod das gute Leben (des Konsums), statt es aufzutun. Der Negativismus ist medial ausgelegt als Sensationalismus, nicht als memento mori. Meldungen zu (Natur-)Gewalt, Krankheit und Schrecken machen den Tod zur Sensation und tabuisieren ihn zugleich. Das Ende wird beschworen, nicht erzählt. Selbst bei den massenhaften Todesfällen durch die Covid-19-Pandemie war das Lebensende für die meisten Menschen weit weg. In Deutschland konnten in Pandemiezeiten Fernreisen und Bundesligaspiele letztlich schneller organisiert werden als die Begleitung Sterbender durch ihre Angehörigen. Durch die Tabuisierung des Endes wurde auch dessen Leugnung befördert, was dann im Anschluss zu einer Verstärkung des Negativismus geführt hat.

In Zeiten der Überlagerung von Katastrophen gerät das Geschäftsprinzip des Negativismus zur Mitte der 2020er Jahre an seine Grenzen. Denn die eine Katastrophe (z. B. Krieg), die da zur Nachricht gemacht wird, ist heute nun immer die eine Katastrophe, die die anderen (z. B. Klimakollaps, Börsencrash) zunächst ausblendet. Von Doom Scrolling zu Desaster Ranking – Negativismus als Geschäftsprinzip. Wenn sich nun die erwarteten Katastrophen zu überlagern scheinen (z. B. Krieg und Klima), funktioniert das Prinzip nicht mehr. Es verstärken sich ängstlich getriebene Reaktionen: bevormundende Regierungskommunikation, verhaltensökonomische Steuerungsversuche, Breaking News in Dauerschleife, Propaganda, Verschwörungsideologien. Die Kommunikation der Katastrophe wird zur Katastrophe der Kommunikation, was jede konstruktive „Wendung" erstmal suspekt erscheinen lässt. Das zu Recht viel beschworene Gebot zur Transformation in allen gesellschaftlichen und wirtschaftlichen Bereichen gerät zu einer angstbesetzten Abstraktion, die bei vielen Menschen Reaktanz hervorruft. Die kontinuierliche Verfehlung von „Klimazielen" ist hierfür eindrückliches Beispiel. Das von Unternehmensberater:innen wie Politiker:innen gern beschworene „new normal" ist dann zunächst entweder nicht neu oder nicht normal.

Unsere Idee: Das Tabu des Endes brechen, statt es mit Deutungsmacht durch wohl- und übelmeinende Propaganda, paternalistische Verhaltensökonomie, Fake oder identitären Kitsch aufrechtzuerhalten! Ein Role Model dafür stellt der Philosoph Jonathan Lear in seinem Werk „Radikale Hoffnung. Ethik im Angesicht kultureller Zerstörung" vor mit Plenty Coups, dem letzten Häuptling der Crow. Dieser hat in dem Zusammenbruch der Lebenswelt und Kultur der Crow durch das Ende der Büffeljagd und die Vertreibung durch weiße Siedler im 19. Jahrhundert die Chance ergriffen, mit einem legendären Ausspruch das Tabu des Endes zu brechen: „Aber als die Büffelherden verschwanden, fielen die Herzen meiner Leute zu Boden und sie konnten sie nicht mehr aufheben. Danach ist nichts mehr geschehen." (Lear 2020: 21). Die praktische Vernunft mit ihrem Vorausdenken stand am Abgrund, ihre Kategorien zur Lebensführung waren hinfällig geworden (Lear 2020: 95 ff.) und gerade darin eröffnete Plenty Coups durch einen Traum, der ihm die Unumgänglichkeit des mit den weißen Siedlern geteilten Lebens signalisierte, eine Perspektive. Sein Traum gab den Ängsten „seiner Leute" eine „narrative Form" (vgl. Lear 2020: 125). Die darin liegende Hoffnung, die Lear radikal nennt, bedeutete mehr als das Überleben in vertrauter Form (vgl. Lear 2020: 145).

Jonathan Lear geht in seiner kulturalistischen Deutung sehr weit. Er versteht Zusammenbruch als „kulturell verortetes Gespür für Möglichkeit". Die Unfähigkeit, sich die eigene Zerstörung vorzustellen – das ist für ihn „tendenziell der blinde Fleck einer jeden Kultur" (Lear 2020: 132). Diesen Gedanken finden wir so reizvoll wie unentscheidbar. Wir haben ihn uns geborgt, um auf empirischem Weg, das Vertrautmachen und Vertrautsein mit Enden mitzuerleben: Feldforschung (im blinden Fleck).

2

Haben Sie Angst vor einer Katastrophe wie dem Klimawandel? Bitte benennen Sie Ihre Angst auf einer Skala von 1 bis 10.

Es gibt zahlreiche methodisch ähnlich gelagerte Studien, die versuchen, das Tabu des Endes und die damit verbundene Angst von Menschen zu erfassen.[1] Im Ergebnis sieht man dann Balken- oder Tortendiagramme, die gelegentlich von Entscheidungsträger:innen vorgezeigt werden, um bestimmte politische, juristische oder wirtschaftliche Maßnahmen zu legitimieren. Einen blinden Fleck wird man auf diese Weise jedoch kaum erkennen.

2.1 „Wir müssen raus ins Leben"

Der frühere SPD-Vorsitzende Sigmar Gabriel hatte im Jahr 2009 seine Partei auch vor dem Hintergrund der damaligen Finanzkrise aufgefordert, dorthin zu gehen, „wo es laut ist, wo es brodelt; da, wo es manchmal riecht, gelegentlich auch stinkt. Wir müssen dahin, wo es anstrengend ist. Weil nur da, wo es anstrengend ist, da ist das Leben." (Video: https://www.spiegel.de/video/sigmar-gabriel-dorthin-wo-es-brodelt-video-1031728.html). Als Forscher:in wird man ebenfalls nicht umhinkommen, genau dies zu tun. Ein solcher lebensweltlicher Ansatz, sich mit drohenden Katastrophen und ihren Enden empirisch vertraut zu machen, ist

---

[1] Beispielhaft dafür eine „repräsentative Online-Befragung" des Sinus-Instituts im Oktober 2021 unter 2005 Jugendlichen im Alter von 14 bis 17 Jahren: „So verspüren 39 % der Jugendlichen große Angst vor dem Klimawandel (Werte 8 bis 10 auf einer 10-Skala von 1 = macht mir überhaupt keine Angst bis 10 = macht mir ausgesprochen große Angst) und 29 % eher Angst (Werte 6 und 7)." (https://www.sinus-institut.de/media-center/studien/barmer-jugend studie-2021)

© Der/die Autor(en), exklusiv lizenziert an Springer Fachmedien Wiesbaden GmbH, ein Teil von Springer Nature 2024
R. C. Müller et al., *Katastrophale Kommunikation*, essentials,
https://doi.org/10.1007/978-3-658-44864-6_2

die Ethnographie. Denn im Mittelpunkt der ethnographischen Forschung steht die eigene, unmittelbare Erfahrung der Forschenden im Feld (vgl. Galling-Stiehler, Schulz, Müller 2021). Der Kulturanthropologe Daniel Miller (2010: 221 ff.) beschreibt diesen Ansatz beispielhaft im Nachwort zu seiner mehrmonatigen Studie der Bewohner:innen einer Londoner Straße und ihrer Alltagsgegenstände. Ethnographie will soziale Phänomene *zur Sprache* bringen: der Mensch – und die Dinge – erzählen sich. Anfang wie Ende der Forschung bleiben dabei zunächst offen: „Unsere einzige Ausgangshypothese lautete, dass wir nicht wussten, was uns […] erwarten sollte. Sie erwies sich als vollkommen richtig" (ebd.: 11).

Das *Feld,* in das die ethnographisch Forschenden aufbrechen, ist im Sinne Pierre Bourdieus (1998) als ein sozialer Raum zu verstehen, ein Mikrokosmos, in dem Kräfteverhältnisse wirken und unterschiedliche Positionen zu beobachten sind. Die zentralen Konfliktlinien eines Feldes liegen oft zwischen jenen, die darin existierende Strukturen entweder zu bewahren oder zu verändern versuchen (ebd.: 20). Möchte man sich mit den Folgen der eingangs beschriebenen Katastrophenbewältigung durch gesellschaftliche Transformationsprozesse vertraut machen, so zeigen sich einige Felder, die es genauer anzuschauen lohnt. Besonders drängend und gleichermaßen wirtschaftlich bedeutsam erscheint aktuell die Transformation der Automobilindustrie in Deutschland – weg vom Verbrenner, hin zur Elektromobilität.

Im Rahmen eines Forschungsprojekts (Abb. 2.1) haben wir im Jahr 2022 über mehrere Monate rund zwei Dutzend Betriebe (Automobilhersteller und Zulieferer, von börsennotiert bis inhabergeführt) in Deutschland besucht, um mit den Menschen vor Ort ins Gespräch kommen, betriebliche wie lebensweltliche Bezüge mitzuerleben sowie persönliche Stimmen, Episoden, Details, Irritationen und weitere Eindrücke einzusammeln. Die ethnographischen Erkundungstage vor Ort wurden mittels Feldnotizen wie auch fotografisch dokumentiert, die geführten semi-strukturierten bzw. narrativen Interviews wurden transkribiert, analysiert und auch in einer filmischen Dokumentation verarbeitet.

2.2 Auf dem Weg zum Ende und darüber hinaus

Eine wesentliche Erkenntnis aus diesem Feld lautet: Es gibt Redebedarf – großen Redebedarf. So fühlt man sich in vielen Betrieben von politischen und anderen gesellschaftlichen Akteuren nicht wirklich gesehen, obwohl man bereits große Zugeständnisse gemacht habe bzw. bereit dazu wäre. Ein von den Gesprächspartner:innen aufrichtig empfundenes Zuhören und Verstehenwollen wäre dafür Voraussetzung. Ein Betriebsrat fasst dies so zusammen: „Für mich geht eine

Abb. 2.1 „Dorthin gehen, wo es laut ist, wo es brodelt" – Werkshalle eines Zulieferbetriebes. (Foto: R.C. Müller, 2022)

Transformation nur mit Vertrauen, und Vertrauen hat direkt mit Verstehen zu tun."[2]

Der Prozess einer zunächst abstrakten *sozial-ökologischen Transformation* ist jedoch für manche Zulieferer (z. B. von Abgastechnik) gleichzusetzen mit ihrem Ende: „Unsere persönliche, betriebliche Perspektive ist, dass wir den Betrieb Ende nächsten Jahres schließen. […] Da haben wir dann keinen Kunden mehr vor Ort. Dann ist hier Feierabend." Das Ende einer Firma bedeutet auch das Ende ihrer Arbeitsplätze, aber nicht das Ende der Lebens- und Berufserfahrungen der Menschen, die sie ausgefüllt haben. Und doch sehen sich diese Beschäftigten trotzdem einer persönlichen Katastrophe gegenüber, die in einer Skizze auch visuell zur Sprache gebracht wurde (Abb. 2.2).

---

[2] Alle Zitate in diesem Kapitel sind aus den transkribierten Interviews des Forschungsprojekts entnommen.

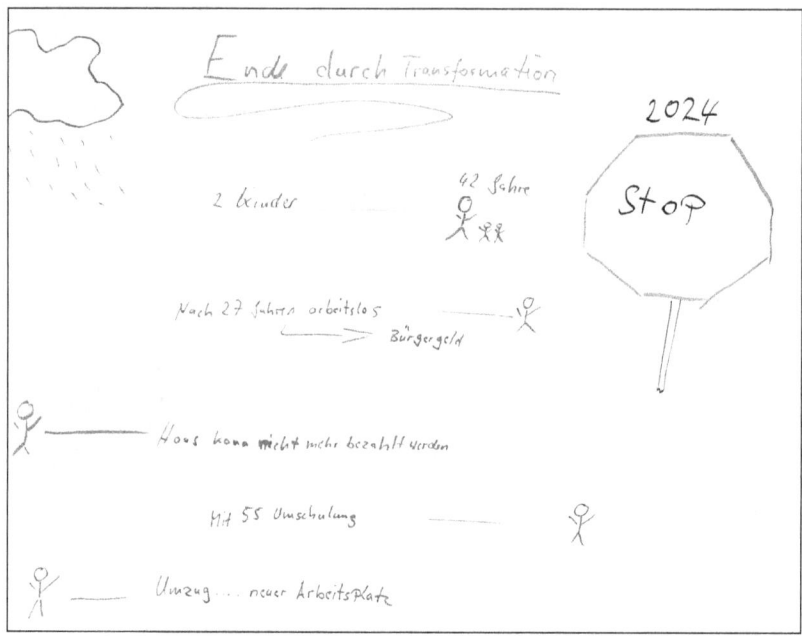

Abb. 2.2 STOP – Das Ende durch Transformation. (Foto: R.C. Müller, 2022)

2.3 Transformation erzählen: Stimmen aus dem Feld

In einem Wirtschaftssystem, das Nobelpreisträger Robert J. Shiller 2019 als eine Ökonomie der Erzählungen („Narrative Economics") beschreibt, spielen Geschichten eine zentrale Rolle. Damit Geschichten geteilt werden können, müssen sie nacherlebbar und persönlich zugänglich sein – idealerweise über Bildungs-, Schicht- oder Geschlechtergrenzen hinweg. Identitäre und tribalistische Geschichten haben für immer mehr Menschen ein solches Potenzial. Durch das Raunen des Verschwörens können sie viele Ängste gegenüber einer zunächst abstrakt erlebten Transformation von Lebens- und Arbeitswelt binden und eine Abfuhr durch vermeintliche Sündenböcke bieten. Das verfängt in allen Schichten. Die Bildungsschicht hat dabei den Vorteil, es oft „kultiviert" kaschieren zu können.

Organisationen neigen dazu, ihre Geschichten durch Agenturen, „Corporate Language Manuals" und andere Sprachregelungen vereinheitlichen zu wollen und damit ihre Erzählung wie auch das Erzählen engmaschig zu kontrollieren. Wenn Organisationen über sich selbst sprechen, tun sie dies meist in einer monographischen Form – die eine korporierte Geschichte wird sozusagen durch die Abteilungen, Bereiche, Gewerke, Expertisen, Arbeitsfelder etc. erzählt. Die Organisation selbst erscheint als Autorin. Begibt man sich nun auf den umgekehrten Weg, so wird es nicht nur vielstimmiger, sondern auch deren Rolle wandelt sich: Die Organisation wird zur Herausgeberin einer Sammlung ganz unterschiedlicher Stimmen und Tonlagen, zu einer Anthologie. Sie geht damit das Wagnis ein, statt ihrer einen Geschichte viele zu hören.

So erlebten wir im Zuge unserer Feldaufenthalte neben viel Zuversicht auch Stimmen, die mit Sorge und Angst auf die große Erzählung einer sozialökologischen Transformation blicken. Umso drängender, das wurde in den Gesprächen deutlich, war das Bedürfnis, auch die *dunklen Seiten* einer solchen Transformation zu erzählen – wenn diese gar das Ende der Arbeitsstätte und des eigenes Tuns bedeutet. Mit diesen Stimmen öffneten sich auch erzählerisch spannende semantische Räume wie beispielsweise das Reisen ohne Landkarte, holprige Wege und Sackgassen, dunkle Tunnel oder der Schlund, in den man blickt:

> *„Wenn du die Führungsmannschaft fragst, wenn du die Leitenden fragst, die werden dir sagen, wir sehen das Licht am Ende des Tunnels nicht. Wir sehen nicht, wo wir hintreiben. Wir sind so ein bisschen führungslos. Wie so ein Schiff, das direkt auf eine Felsenbank oder so hin schippert."*

> *„Wie geht es weiter? Was machen wir? Und man muss auch sagen, wir sind strukturschwach. Im Grunde, wenn die Firma zumacht, dann ist die Stadt, dann ist der Kreis, der ist tot."*

> *„Es gibt keine Transformation, die linear verläuft, sondern es gibt auch Sackgassen. Und es gibt nicht nur Sackgassen, sondern am Ende dieser Sackgassen biegt eine Gesellschaft links oder rechts ab und läuft durch Wald und Feld. Also da wird es dann holprig."*

> *„Also bildlich kann man sich vorstellen, man steht auf einem Berg-Plateau und guckt über die Kante. Man sieht am Ende nicht, wo ist das Ende? Also man guckt in die Tiefe und weiß nicht, wo landet man? Oder landet man überhaupt?"*

> *„Vielleicht ist es auch so, dass noch gar keiner weiß, wo die Reise wirklich hingeht. Aber man muss sich Gedanken darüber machen, wo will ich denn stehen, am Ende der Reise? Auf der Seite der Gewinner oder auf der Seite von denen, die sagen müssen, wir haben es nicht geschafft?"*

> *„Wir sind da alle gemeinsam in einem Boot. Das ist die Geschichte, wir erleben diese Veränderung gemeinsam. Am Ende trifft die mich auch. Am Ende gibt es den*

*Verbrennermotor nicht mehr als solchen. Auch mein Job als Betriebsrat im Motorenbau
ist damit zu Ende. Und auch das ist ein Teil der Geschichte.* "

Die Geschichten dieser Transformation zu erzählen gelingt nur dann, wenn Menschen darauf vertrauen können, tief erzählen zu können und entsprechend tief
gehört und verstanden zu werden. So können gerade Geschichten, die mit dem
Tabu des Endes brechen, dem identitären und tribalistischen Geraune etwas ent-
gegensetzen. Im Gegensatz dazu stehen die Bedingungen des Paternalismus und
der Propaganda.

Wer entscheidet, übernimmt Verantwortung – selbstverständlich auch für Entscheidungsversäumnisse. Das ist nicht der Rede wert. Wenn dann aber jemand ostentativ Verantwortung übernimmt, wird das meist als Schuldeingeständnis verstanden. Die Zuschreibung von Schuld bzw. Sünde ist zweifellos ein kommunikatives Phänomen, ebenso wie die korrespondierende Definition von Sündenböcken und den von der Schuld Erlösten. Danach ist es allerdings mit der Kommunikation vorbei. Die Akteure treten mit ihrer Verantwortung ab. Das Thema ist gegessen und höchstens noch ein Fall für die Justiz.

In einem weniger ideologisch belasteten Verständnis geht es bei der Schuldfrage um ein Verhältnis von Ursache und Wirkung und damit um Verursacher*innen. Dazu gibt es ein gleichnamiges Prinzip, dass den Verursacher in der Pflicht sieht. In komplexen Zusammenhängen stößt das Verursacherprinzip schnell an Grenzen, weil Kausalitäten häufig undurchsichtig und widerspruchsvoll sind. Am Ende erscheint bei vielen das schlechte Gewissen, dass wir vielleicht alle irgendwie schuld sind.

Selbstverständlich gibt es die Heldengeschichten erfolgreicher Transformation und die Tragödien des Untergangs. Aber ist nur das gemeint, wenn wir von Verantwortung Kommunikation fordern?

17

3.1 Elemente von Verantwortung und ihre Beziehungen

Für den Philosophen Kurt Bayertz ist Verantwortung ein „mehrstelliger Relationsbegriff", mit „(mindestens) vier Elementen", die wiederum in wechselseitiger Beziehung zueinanderstehen: „Ein Subjekt ist für ein Objekt vor einer Instanz in Bezug auf ein Wertesystem verantwortlich." (Bayertz 2010: 2861). Demnach wäre die Automobilwirtschaft (Subjekt) für klimaschädliche konventionelle Verbrennungstechnologie (Objekt) vor der Instanz der Vereinten Nationen in Bezug auf das Wertesystem der „Agenda 2030 für nachhaltige Entwicklung" verantwortlich.

In unserer Forschung stießen wir auf einen bemerkenswerten Umgang mit dieser Verantwortung:

So erzählt ein Betriebsrat von der Angst der Arbeitnehmer*innen vor Veränderung. Eine alternative Gewerkschaft macht der verängstigten Belegschaft ein verlockendes alternatives Angebot. Die befürchtete Klimakrise wird durch alternative Fakten in Frage und die Notwendigkeit der Transformation damit in Abrede gestellt.

Das könnte man als Vermeidungsstrategie durch Umdeutung bezeichnen. Die „Alternative" ist aber nur ein Verzicht auf Verantwortung. Die Transformation wird zum Problem erklärt, für das andere verantwortlich sein sollen. Der politische Totalitarismus entfaltet bekanntlich ein großes Raffinement der Feindschaft im Sozialen gegenüber Andersdenkenden und Andersaussehenden, also allem, was ihm fremd erscheint. Und gerade die Schuldfrage verdeckt das Problem der Sachdimension einer Transformation durch die Sozialdimension. Die Moral dazu haben wir oben im ersten Kapitel (1.1 Endzeitmoralismen) beschrieben. Dass andere Schuld haben, entlastet bekanntlich die eigene Verantwortung. Aber worin besteht diese Verantwortung?

3.2 Kommunikation als wesentliches Element der Verantwortung

Das Wort Verantwortung verrät es. Bei Verantwortung geht es um Antworten in einer klärungsbedürftigen, also längst noch nicht entschiedenen Angelegenheit. In einer zeitlichen Perspektive wird Verantwortung meist ex post verhandelt. So z. B. in juristischen Verfahren, wo ja zunächst ein Tatbestand vorliegen muss, der in der Vergangenheit liegt. Die Frage ist, ob jemand für etwas verantwortlich gemacht werden kann, was ggf. gar nicht eingetreten ist. Zu unterscheiden ist damit die Verantwortung für Gefährdungen bzw. Risiken (vgl. Abschn. 1.2.2). Gefährdungen wären Gegenstand von „Fürsorge- oder Präventionsverantwortungen" (Bayertz 2010: 2862). So wie Eltern Präventionsverantwortung für ihre minderjährigen Kinder tragen, sehen sich die Regierenden in der Verantwortung für ihre Bürger:innen. Das tangiert und widerspricht aber tendenziell dem im Grundgesetz verankerten Leitbild mündiger Bürger:innen.

Eine besondere Herausforderung ist die Verantwortung für die Zukunft. Dazu können nur Antworten gefunden werden auf Fragen, die sich unter Umständen noch gar nicht stellen, weil ja die Bedingungen noch gar nicht eingetreten sind. In kreativen Problemlösungsverfahren wird schöpferisches Potenzial durch die Frage „Was wäre wenn?" („What if?") entfaltet. Wir haben auf das Problem der Entscheidung in unserem ersten Band zur Auftragskommunikation (Schulz, Galling-Stiehler, Müller 2020: 5 ff.) verwiesen und sind dabei insbesondere auf den Unterschied von Konditional- und Zweckprogrammen der Entscheidung eingegangen.

Nun ist die Politik bekanntlich ziel- bzw. zweckorientiert, m. a. W. immer an dem orientiert, was am Ende rauskommen soll. Der blinde Fleck dieser Vorstellung ist das Ende selbst. Welche Antworten haben wir, wenn am Ende das Ende eintreten würde?

3.3 Beispiel Insolvenz: Verantwortung über das Ende hinaus

Unternehmerische Insolvenzverfahren sind ein mustergültiges Beispiel für den verantwortungsvollen Umgang in einer existenziellen Krise. Insolvenz bedeutet, dass Schuldner:innen ihre Zahlungsverpflichtungen gegenüber Gläubiger:innen nicht mehr erfüllen können. Anlass für den Insolvenzfall kann bereits die drohende Zahlungsunfähigkeit oder Überschuldung sein, wenn die Zahlungsverpflichtungen das Vermögen übersteigen. Durch die Beantragung einer Insolvenz wird das Unternehmen in die Obhut von Insolvenzverwalter:innen übergeben. Dieser ist nicht der Verwertung, sondern ausschließlich des Erhalts und der Mehrung der Insolvenzmasse verpflichtet. Die Insolvenz ist ausdrücklich nicht als Ende der Unternehmenstätigkeit gedacht. Führungskräfte und insbesondere Personalverantwortliche sollen die Geschäfte fortführen.

Der Gesetzgeber hat u. a. durch das „Gesetz zur weiteren Erleichterung der Sanierung von Unternehmen" (ESUG) und das „Unternehmensstabilisierungs- und -restrukturierungsgesetz" (StaRUG) den rechtlichen Rahmen für das Weiterbestehen insolventer Unternehmen geschaffen. Ziel ist es, den Erhalt und die Weiterführung zu ermöglichen. Trotzdem ist das Insolvenzverfahren selten. Wir vermuten, dass das Ende insbesondere in der Wirtschaft ein Tabu ist. Die Anmeldung eines Insolvenzverfahrens wird als Scheitern empfunden und das passt so gar nicht zum gewohnten Image von Sieg und Macht der Geschäftsführer*innen. Nach Schätzungen wird in über 90 % der Fälle eine endgültige Schließung des Unternehmens ohne Insolvenzverfahren und damit ohne Aussicht auf Sanierung vorgenommen. Dabei sammeln fast alle später erfolgreichen Unternehmer*innen zunächst Erfahrungen mit dem Scheitern. „Schöpferische Zerstörung" heißt die widersprüchliche Denkfigur der Moderne, die Karl Marx und vor allem Joseph Schumpeter berühmt gemacht haben. Es sei betont, dass Schumpeters Überlegungen dabei nicht der zerstörerischen Kraft exogener Krisen und Katastrophen gelten, denen Unternehmen ausgeliefert sind. Schumpeter geht es vielmehr um den „evolutionären Charakter" menschlichen Handelns und der ihr innewohnenden Destruktivität (Schumpeter 1993: 136 ff.).

Mit diesen Überlegungen sollte der Kommunikationsbedarf als Bedarf an Antworten deutlich gemacht werden. Es geht darum, Antworten zu geben in ungeklärten Fällen. Das jemand schuld ist, versteht sich von selbst und wenn wir ehrlich sind, wissen wir, dass am Ende die Gesellschaft selbst schuld ist, auch wenn es am liebsten keiner gewesen sein will. Wir sind also aufgerufen, Antworten zu finden und sie zu erzählen.

Tiefes Erzählen

„In guten wie in schlechten Zeiten", „wir gehen durch dick und dünn", „bis dass der Tod uns scheidet": Ist in der Liebe, Freundschaft und Verwandtschaft die Beziehung eine tiefe, gehören Krisen und auch das Ende dazu. Es vertieft sich in der Beziehung ein Vertrauen, sich dem Unvertrauten innen wie außen gemeinsam zu stellen, es zu erleben, es zu durchleben bis zum Ende. Es ist ein geteiltes Vertrauen in die Offenheit zukünftiger Gegenwart. Im Liebesideal gilt das ohne Limit: ewiglich. Totalitäre Regime suchen solche Vertrauensbeziehungen zu verhindern und zu unterbinden. Ihre Propaganda zielt darauf, sozusagen zwischen Frage und Antwort zu treten und die tief gedachten und empfundenen Antworten durch oberflächliche, identitäre Aussagen zu ersetzen. In der Folge will das totalitäre Regime auch die Fragen übernehmen, die es dann selbst beantwortet. Die Idee: Kommunikation wird gleichgeschaltet.

In Krisen mit drohender Katastrophe, wie es weltweit bei der Covid-19-Pandemie der Fall war, schränken nun auch Demokratien die Gewaltenteilung und auch die Rechte ihrer Bürger:innen ein. Das geht notwendig mit paternalistischen Kommunikationsformen der Belehrung, Anleitung und des Verbots im Stile elterlichen Sprechens („Vater Staat") einher. In „Selbstgewiss ins Ungewisse. Auftragskommunikation in der Krise" haben wir bereits darauf hingewiesen, dass der Paternalismus staatlicher wie nicht staatlicher Institutionen und Unternehmen stets in der Gefahr steht, nicht nur an das Räsonnement der Bürger:innen zu appellieren, sondern ihm zu misstrauen und es unter Verdacht zu stellen und damit den Souverän zu schwächen: „Dass nun sowohl die staatlichen Institutionen mit einer paternalistischen Politik der Warnungen, Mahnungen und Gebote, als auch die Wirtschaft mit einem Marketing der dauernden Fingerzeige und Hinweise

R. C. Müller et al., *Katastrophale Kommunikation*, essentials, https://doi.org/10.1007/978-3-658-44864-6_4

auf gutes Tun gleichsam das Räsonnement selbstbewusster Bürgerinnen und Bürger unter Verdacht stellen, schwächt den Souverän dieser Demokratie. Der gute Wille droht sich in seinem Effekt zu verkehren: Die unterstellte Angst der Bürger:innen davor, sich aus innerer Freiheit heraus richtig zu entscheiden, bringt die Angst der entscheidenden Organisationen und ihrer Funktionsträger:innen vor der äußeren Freiheit hervor." (Galling-Stiehler, Schulz, Müller 2021: 4). So steht der Paternalismus immer der Propaganda nah.

Im Fall der Kommunikation einer drohenden Katastrophe spielt die Angst eine zentrale Rolle. Das Sprichwort, dass Angst der Politik ein schlechter Ratgeber sei, relativiert sich. So zielte ein Teil der paternalistischen Kommunikation in Zeiten der Pandemie auf Menschen, die keine Angst vor einer Infektion mit Covid-19 zeigten. Das war eine Gratwanderung. Das hat sich zum Beispiel in der Kommunikation der rigorosen Hygienemaßnahmen Jugendlichen gegenüber gezeigt. Dass etwa Jugendfreizeiteinrichtungen noch geschlossen blieben, obwohl Flughäfen weitgehend geöffnet wurden, hatte bei jungen Menschen, die aus objektiven, statistischen Gründen weniger Angst vor einer Infektion sowie einem schweren Verlauf der Krankheit haben mussten, eine verstörende Wirkung. Denn Jugendliche haben in der Regel vielfältige Erfahrungen mit paternalistischen Kommunikationen und vor allem ein feines Gespür, wann sich dabei hinter der vorgetragenen Angst um sie die Angst vor ihnen und ihren Rechten verbirgt.

4.1   Die Angst vor der Angst: katastrophisches Warten

„Unsere Ängste sind das Gesicht unseres künftigen Staunens, der Beginn von allem Schöpferischen", sagt die Philosophin und Psychoanalytikerin Anne Dufourmantelle ([2011] 2018: 89) in „Lob des Risikos". Damit trifft Dufourmantelle nicht nur einen individualpsychologisch wichtigen Aspekt der Bewertung eines zentralen Schutzmechanismus des psychischen Apparats, sondern auch eine kulturanthropologisch und sozialpsychologisch wichtige Sichtweise der Angstfunktion. Angst war und ist kulturschaffend, verbindet Menschen darin, sie einander mutig und hoffnungsvoll einzugestehen und gemeinsam anzugehen. Dazu haben sich in Gesellschaften seit Menschengedenken profane und religiöse Rituale entwickelt. „Das Risiko unserer Ängste einzugehen, bedeutet vielleicht schlichtweg, deren nackte Stimme zu zähmen, sich – wie Kinder in der bedrohlichen, den Schlaf rahmenden Nacht – Geschichten zu erzählen und zu wissen, dass es für jeden Schrecken einen winzigen Zauberspruch gibt, einen flüchtigen Talisman, der so rein ist wie eine Bach-Kantate." (Dufourmantelle [2011] 2018: 95). Doch eine solche tiefe Verständigung funktioniert nur unter Menschen, die keine Angst voreinander haben, die sich auch nicht vor der irrationalen Tiefe ihres Gegenübers ängstigen. Diese fehlende Angst voreinander ist Voraussetzung der Sorge und Angst umeinander. Nach Überzeugung der Tiefenpsychologie trägt nun jeder Mensch Destruktives und Erotisches in sich. In den tiefen Mythen, Märchen und religiösen Erzählungen nehmen diese beiden menschlichen Impulse Gestalt an.

Menschen riskieren in der Überzeugung Dufourmantelles immer etwas, wenn sie sich nach einander sehnen, wenn sie einander begehren. Das macht die Psychotherapeutin an einem akzentuierten Zitat einer Klientin fest: „Ich habe Angst vor der Liebe, ich möchte, dass sie nie mehr wiederkehrt, zugleich warte ich nur auf sie, und mein ganzes Leben ist in dieses katastrophische Warten eingespannt. Ich bin am Ende." (Dufourmantelle [2009] 2021: 10).

Unter dieser Perspektive ließen sich die diametral entgegengesetzten Rituale des Karnevals und der Passionszeit vergleichen: Die närrische Zeit, die die Herrschaftsverhältnisse auf den Kopf stellt, endet mit der symbolischen Verbrennung einer Strohpuppe zu Aschermittwoch. Mit ihr soll die Sünde in Gestalt eines Sündenbocks (der Nubbel im Rheinland oder der Strohbär in der alemannisch-schwäbischen Fastnacht etwa) verbrannt werden. In der radikalen Umkehrung feiern Christ:innen am Karfreitag dagegen, dass Jesus Christus die Sünden der Menschen in seinem Tod am Kreuz auf sich genommen hat. Was beide Rituale verbindet, ist, dass die Menschen – ob zu Aschermittwoch oder zu Karfreitag – „am Ende" sind – und dann beginnt der neue Jahreszyklus profaner und religiöser Rituale „katastrophischen Wartens". Man könnte sie als mutige Feste der Angst bezeichnen. Auch diese Rituale versucht totalitäre Propaganda zu okkupieren, indem sie, anstatt die beängstigende Sünde in einem jeden Menschen angelegt zu sehen, in einen ideologisch konstruierten Feind projiziert.

Propaganda bietet nun eine Angstlösung durch Vermeidung an. Der Mechanismus: Es werden exklusive identitäre Angebote zur Assimilation angeboten, durch die die Inkludierten die Gefahr auf die „Anderen" übertragen können. Das klingt dann 2024 etwa so: „Heute geht es um alles: es geht darum, ob es das Deutschland, wie wir es kennen, weiterhin geben wird." So stellt sich die „Werteunion" als „konservative Basisbewegung" von Mitgliedern aus CDU und CSU auf ihrer Website vor. Hier geht's gemeinsam gegen „Massenmigration", „Klimahysterie" u. v. a. m. (www.werteunion.de). Hier wird Wertewandel als Werteverfall bewertet, dem eine Wertegemeinschaft geschlossen wie ein Volkskörper, wie eine Genossenschaft der Wertvollen entgegentritt. Assimilation statt Integration ist die Forderung. Und: „Wer zur Assimilation nicht bereit ist, ist unerwünscht." (www.werteunion.de). Die nationalsozialistische Lebensraumideologie, die im Rahmen

von Debatten über „Remigration" wieder aufkommt, zeigt das demokratiege-
fährdende Potenzial dieser Form eines oberflächlichen katastrophischen Wartens
nationaler Wertgemeinschaften. Zueinander finden diese meist nur wie oben aus-
geführt durch eine gemeinsame Ausgrenzung, durch die Benennung gemeinsamer
Feinde. Das zeigt sich auf drastische Weise in den antisemitischen und islamo-
phoben Allianzen, die gleichermaßen über Gebote der Assimilation funktionieren.
Da gibt die Unterscheidung von links und rechts lange schon keine Orientierung
mehr.

Was viele Menschen dagegen auch verbindet, ist die Sehnsucht nach Solidarität angesichts der vielen Ungewissheiten, Krisen und Gefahren. Solidarische
Sehnsucht bleibt bei der Assimilation aber immer ungestillt, denn sie braucht
ein tiefes Erzählen und Zuhören, das stets die neue Kommunikation zu integrie-
ren sucht. Eine solidarische Gemeinschaft ist eben nicht „das Deutschland, wie
wir es kennen" – es ist eine sich wandelnde Heimat. Die Bereitschaft, einen
solchen Wandel ökologisch, sozial und auf demokratischem Wege innerhalb der
solidarischen Wertegemeinschaft einer Einheitsgewerkschaft zu gestalten, haben
wir in unserer Feldforschung und anschließenden Kommunikationsgestaltung mit
der IG Metall erlebt. Diese Arbeitserfahrung dient uns hier als Referenz für die
Möglichkeiten einer integrativen katastrophischen Kommunikation. Wir haben in
über 20 Betrieben der Automobilindustrie miterlebt, wie Arbeitnehmer:innen auf
unterschiedlichste Weise den Wandel ihrer Arbeit durch Mitbestimmung solida-
risch zu gestalten suchen. Immer ging und geht es dabei um das Ende – das
Ende vertrauter Routinen, Arbeitsabläufe und Verhaltensweisen, aber auch das
Ende von Produktionsabläufen, Betrieben und damit Arbeitsplätzen. Der erste
Schritt zu einer solchermaßen tiefen katastrophischen Kommunikation: „Endlich
verstehen".

4.2   Endlich verstehen

Endlich verstehen – das meint ein Doppeltes: Es muss etwas gemeinsam Erleb-
tes zu Ende gegangen sein, um sich darüber verständigen zu können und diese
Verständigung ist dann wiederum ein gutes Ende, ein guter Ausgang der Kommunikation. „Ich kann leichter über dieses und jenes schreiben, wenn es zu
Ende gegangen ist, wenn ich weiß, dass es zu Ende gehen wird", schreibt die
Schriftstellerin Judith Hermann in ihren Poetikvorlesungen „Wir hätten uns alles
gesagt". Für sie ist das Glück dieses Erlebten „immer der Moment danach" (Hermann 2023: 126). In der politischen Kommunikation ist diese Verständigung über
Glück und Unglück der Menschen seit der US-Administration Donald Trump eine

andere geworden, da zu der Faktizität des gemeinsam Erlebten eine alternative Faktizität gesetzt wird, mit dem Ziel, die Verständigung zu unterbinden bzw. durch Propaganda zu ersetzen. So konnte US-Präsident Donald Trump im Januar 2017 nach offenkundig falschen Angaben seines Sprechers Sean Spicer zur Zahl der zu seiner Amtseinführung in Washington erschienenen Gäste seine Präsidentschaft unbeschadet antreten und weiterführen. Seine Seniorberaterin Kellyanne Conway verbat sich den Zweifel vonseiten der Presse, die Luftaufnahmen ausgewertet hatte, und fand zu einer Formulierung, die einen Paradigmenwechsel in der Regierungskommunikation eingeläutet hat: „Your job is not to call things ridiculous that are said by our press secretary and our president. That's not your job, (…) That's why we feel compelled to go out and clear the air and put alternative facts out there." (NBC's Meet the Press 21.01.2017, www.nbcnews.com). Das war keine Drohgebärde gegen Journalist:innen, wie sie in Russland, China oder der Türkei Alltag sind, sondern es war eine Drohung gegen ihr Handwerk und gegen ihre Texte. Zugespitzt ließe sich sagen: Die Grenzziehung zwischen fiktionalen und faktualen Signalen wird seither oktroyiert und offen korrumpiert, sodass selbst Betrug und Lüge ihr Gegenteil zu gelten vermögen.

Elena Esposito weist in ihrem Buch „Die Fiktion der wahrscheinlichen Realität" unter Bezugnahme auf Hans Blumenbergs Konzept zweiter Welten auf eine wichtige Leistung des Fiktiven zur zukunftsgewandten Orientierung in der Realität hin: „Die fiktive Realität des Romans ist keine Fiktion der Realität, sondern »die Fiktion der Realität von Realitäten«. Sie stellt Bedingungen dar, die in der Welt normalerweise nicht zu beobachten sind, die Bedingungen nämlich, unter denen etwas realistisch erscheint. Um realistisch zu sein, darf der Roman also gerade nicht real sein. Aus dieser Eigenschaft fiktionaler Texte resultieren reale Folgen: Die Verfügbarkeit fiktiver Welten erlaubt es, zur wirklichen Welt auf Distanz zu gehen, sie »von außen« zu betrachten und ihr Alternativen gegenüberzustellen." (Esposito 2007: 17 f.)

Die fantasievolle Distanz durch ein Nachdenken und Imaginieren dessen, „was wir uns zu sagen hätten" im Sinne Judith Hermanns, was wir in einer fiktiven Realität erlebt haben könnten, prägt die Tiefe einer Kommunikation.

Guter Journalismus sucht ebenfalls intuitiv nach zukünftigen, möglichen Realitäten und gleicht sie mit der tatsächlichen Realität ab. Dazu dient ganz zentral das eherne Prinzip der BBC, stets Seite und Gegenseite, Regierung und Opposition zu Wort kommen zu lassen. Und auch dieses Prinzip galt es nach den Idealen des Berater:innen-Teams von Donald Trump zu entkräften, indem nicht die opponierende Demokratische Partei, sondern die Medien zur Opposition erklärt wurden. Und die galt es laut dem rechtsextremen Berater Steve Bannon mit Unsinn zu fluten: „The real opposition is the media. And the way to deal with them is to flood the zone with shit." (www.edition.cnn.com/2021/11/16/media/steve-bannon-reliable-sources/index.html). Das Ziel war, politische Kommunikation als Wechselrede zu beenden: endlich keine Opposition mehr.

In dieser totalitären Logik ist die Verständigung über Bedingungen der Kommunikation subversiv. Angesichts solcher weltweit sich verstärkenden Gefährdungen der Demokratie, das Tabu des Endes im katastrophalen Erzählen zu brechen, statt es mit Deutungsmacht durch wohl- und übelmeinende Propaganda, paternalistische Verhaltensökonomie, Fake oder identitären Kitsch aufrechtzuerhalten, fordert Solidarität. Propaganda rechnet dagegen die Katastrophe einfach einer Gegenseite zu („Klimahysterie") und braucht keine Kommunikation über sie – also auch keine Solidarität, sondern Gefolgschaft. Demokrat:innen dagegen fragen nach dem Unerhörten.

4.3   Unerhörtes zur Sprache bringen

Die Chance des Endes: Verantwortung bis zum Ende (einer Kommunikation) einfordern, statt Anschlusslosigkeit zur Beendigung der Kommunikation. Nur so lassen sich neue, gegenwärtig unbekannte Chancen erkennen, erhoffen und auftun: sicher ungewiss. Katastrophenbewältigung zeichnet sich dadurch aus, dass sie das Ende offen thematisiert. Aus dem Ende mag dann Transformation (Energiewende, Diplomatie etc.) oder Adaption (Schutzräume, Fluchtkorridore etc.) folgen. Das verändert auch die Angst, die so zu einer Befreiung durch (kommunikatives) Handeln strebt, um wieder Risiken aufzunehmen. Nur wenn Bürger*innen diese Freiheit und ihre Selbstgewissheit darin behalten, wird das als Demokratie gelingen.

Ein solches Verständnis der Kommunikation braucht den Respekt und vor allem das drängende Interesse an den individuellen „Versionen der Vergangenheit", den Perspektiven und Erlebnisweisen jeder Einzelnen, jedes Einzelnen. Die Kuratorin der Ausstellung „The Struggle of Memory" Kerryn Greenberg beschreibt es so: „Unsere Erinnerungen leben in uns selbst. Zwar haben wir eine begrenzte Kontrolle darüber, was wir wann erinnern oder vergessen, doch Diskontinuität erschwert das Erinnern, da unsere Erinnerungen durch unsere Umgebung, mündliche Erzählungen und vertraute Ansichten, Gerüche, Geräusche und Geschmäcker ausgelöst und getragen werden. Sobald eine bestimmte Version der Vergangenheit durch Verschriftlichung und Vermittlung in der Kultur verankert ist, wird es sehr schwierig, einem solchen Narrativ zu widersprechen oder es komplexer zu gestalten. Wir können uns dann nur vorstellen, welche anderen Versionen der Vergangenheit es geben könnte oder was diejenigen, die in der offiziellen Version nicht vorkommen, gefühlt oder erlebt haben. Wie schon Jacques Derrida sagte, »gibt es keine politische Macht ohne Kontrolle über die Archive oder sogar die Erinnerung«." (Greenberg 2023: 27).

Wir haben unsere Feldforschung in der Automobilindustrie als eine Form der Archivierung von Erinnerungen des Vertrauten angesehen, durch die solidarische Formen des Wandels und der Beendigung von Vertrautem entwickelt werden. Im ehemals Gültigen taucht ein noch nicht Gültiges auf.

4.4 Apokalyptisches Schreiben als Selbstbehauptung

Rainer Maria Rilke konnte die Erfahrungen radikalen Wandels in poetische Worte fassen. Im Sinne Elena Espositos vermögen seine Werke eine Distanz zu schaffen, die Erfahrungen nach einem Ende aufscheinen lassen – wie in einem Zwischenreich nach der vergangenen und vor der zukünftigen Gegenwart. Das hat die Literaturwissenschaftlerin Jana Schuster in ihrem für die Themenstallung dieses Kapitels programmatischem Essay „Apokalyptische Poiesis. Zu Rilkes Roman Die Aufzeichnungen des Malte Laurids Brigge" zum Ausdruck gebracht: „Es ist die Phase des Dazwischen, die in produktionsästhetischer Hinsicht die eigentliche krisis markiert: Wo im künstlerischen Schaffensprozess ein Herkömmliches nicht mehr gültig, ein Neues noch nicht möglich erscheint, wird der Nullpunkt zur tabula-rasa-Erfahrung, für die der Deutungshorizont der Apokalypse eine Aussicht auf neue Produktivität eröffnet." (Schuster 2017: 240).

Das „apokalyptische Gebot" bei Rilke liegt nach Schuster im berühmten Schlusssatz des Sonetts „Archaischer Torso Apollos": „Du mußt dein Leben ändern." (Schuster 2017: 255). Das tut die Romanfigur Malte Laurids Brigge laut Schuster in einem apokalyptischen Schreiben, das der produktionsästhetischen Maxime folgt: „Dinge machen aus Angst" (Schuster 2017: 256). Das führt zu einer produktiven „apokalyptischen Wende von der Zerstörung zur Neuschöpfung" (Schuster 2017: 258).

Unsere Überzeugung: Ein solches poetisches Ideal hat das Potenzial, das es zur Kommunikation von Katastrophen braucht, um zu verhindern, dass sie nicht selbst zur Katastrophe wird. Das wird angesichts paternalistischer und propagandistischer Tendenzen nur durch Selbstbehauptung funktionieren. Steht sie, ist sie aufgeschrieben, gilt für sie, was die Dichterin Etel Adnan als Politikum der Literatur festgestellt hat: Schreiben „macht Sprache zu einem Teil der Ereignisse, die es behandelt" (Adnan 2004: 148). Die Sprachen der Politik sind so vielfältig wie die ihres Souveräns. In einer Demokratie wie in einer demokratischen Unternehmens- oder Institutionspolitik verpflichtet das auch in katastrophischen

Zeiten zur Vielstimmigkeit. Den Prozess, um in der Auftragskommunikation für Unternehmen und Institutionen zu einem solchen Schreiben zu kommen, haben wir 2020 als einen der „Selbstvergewisserung" beschrieben (vgl. Schulz, Galling-Stiehler, Müller 2020: 18 ff.). Zurück auf Los!

Adaption
Katastrophenschutz orientiert sich am drohenden Ende vitaler Lebensgrundlagen und passt sich dabei – vom Hochwasserschutz über Hygienemaßnahmen bis zur Brandbekämpfung – versorgend und vorsorgend der Gefahr an, um ihre negativen Folgen nach Möglichkeit zu begrenzen. Als Gegenprinzip zur Transformation setzt Adaption die Unvermeidbarkeit der Gefahr voraus. In der katastrophalen Kommunikation geht das zwangsläufig mit einer paternalistischen Limitierung von Kommunikationen unter Bürger:innen durch Belehrungen, Anleitungen und Verbote einher.

Ende
Das Ende ist nicht als Ende des Denkens denkbar – schon aus logischen Gründen sind daher Endzeitlehren tiefer oder höher als alle Vernunft. Die Kommunikation des Endes meint in der katastrophalen Kommunikation in unserer Lesart nun den Zeitpunkt, an dem vertraute Interaktionen aufhören. Die Kommunikation über diesen Zeitpunkt (und darüber hinaus) zeigt ein Paradox katastrophaler Kommunikation: Sie ist immer ein (vernünftiger) Anfang, sich am Ende aufs Neue vertraut zu machen, bzw. sich mit dem Neuen vertraut zu machen.

Katastrophe (der Kommunikation)
Risiko- und Krisenkommunikation versucht, eine vermeintliche Sicherheit (wieder) herzustellen. Doch im Angesicht der Katastrophe zeigt sich die Anschlusslosigkeit einer Kommunikation, die keine Antworten mehr hat. In diese Sprachlosigkeit stoßen Propaganda, Paternalismus und Populismus mit ihrer verlockenden Eindeutigkeit und versprechen eine Sicherheit, die es nicht gibt. Auch das kann katastrophal enden.

Negativismus

Als zentraler Nachrichtenfaktor dominiert der Negativismus seit je die Medienbe-richterstattung. Der damit verbundene Sensationalismus als mediales Prinzip des 20. Jahrhunderts ist im 21. zu einem politischen wie kulturellen Prinzip gewor-den. In der Auftragskommunikation führt er zunehmend zu einem Paradox: Die Negativität des Faktischen („Klimakollaps") führt zur reaktiven Unterstellung des Postfaktischen („Klimahysterie"). Der Desensibilisierung durch Negativismus im 20. Jahrhundert droht nun die Leugnung bzw. Verkehrung des Negativen zu folgen.

Realität(en)

Realität bezeichnet hier nicht einfach ein Ding an sich oder einen definierten Zustand. Vielmehr geht es um Unterscheidungen, auf die wir unsere Entscheidun-gen gründen. Die Unterscheidung wird in zeitlicher Perspektive beeinflusst von der (Un-)Wahrscheinlichkeit gegenwärtiger Realität in der Zukunft. Zudem hängt die Realität ab von der Position der Beobachtenden und ihren Vorstellungen und Per-spektiven. Auch Fiktives, Virtuelles, Surreales, Hyperreales etc. ist Realität; denn „wo immer es um das Herstellen von Realitäten geht, sind Fiktionen im Spiel" (Iser 1983: 554).

Sicherheit

Das Wort Sicherheit verspricht, Risiken und Gefahren vermeiden zu können. Die Hoffnung auf entsprechende Sorglosigkeit ist jedoch trügerisch. Die Risikovermei-dung bleibt riskant. Diese Unsicherheit ist ja gerade der Clou von Risiken. Und auch Gefahren werden dadurch, dass man sie zu vermeiden sucht, zum Gegen-stand von Entscheidungen und damit zum Risiko. „Einer Entscheidungssituation die Unsicherheit zu nehmen, ist Freiheitsberaubung" (Arlt und Schulz 2019: 39).

Tabu (des Endes)

Eine Bedeutungsebene des Tabus ist angesichts drohender Katastrophen von exis-tenzieller Bedeutung: Der Inhalt des Tabus „kommt nicht infrage". Das bedeutet aber auch, dass der Inhalt nicht beantwortet und nicht verantwortet wird. Ange-sichts der Unausweichlichkeit des Endes menschlichen Lebens weist das Tabu des Endes auf ein weiteres Paradox katastrophaler Kommunikation hin: Nur durch die Thematisierung der Anschlusslosigkeit des Endes wird die Kommunikation wieder anschlussfähig.

Transformation

In der Auftragskommunikation ließe sich Transformation entweder als ein Versuch ansehen, die Katastrophe als Krise aufzufassen, um darin eine Chance zur Abwendung der Gefahr zu entdecken. Oder Transformation lässt sich als katastrophale Kommunikation fassen, die im gefährlich drohenden Ende im etymologischen Sinne (*katastrophé* – griechisch Umwendung) einen Wandel und damit einen Anfang auftut.

Verantwortung

Wer entscheidet, übernimmt Verantwortung. Damit kann die Entscheidung als Risiko auf eine Person zugerechnet werden. Wenn man akzeptiert, dass Kommunikation konstitutiv ist für Entscheiden, geht es bei Verantwortung vor allem darum, Antworten zu finden. Diese können selbstverständlich gegensätzlich sein und wie in einem juristischen Verfahren um die bestmögliche Antwort streiten. Wer Verantwortung übernimmt, ist also vor allem in der Pflicht, Antworten zu geben und nicht automatisch in der Schuld, etwas entschieden zu haben.

Vertrautheit

Wer an Entscheidungen nicht beteiligt ist, kein Risiko eingehen kann oder will, kann zumindest vertrauen. Wer allerdings mit den Dingen und Menschen wenig vertraut ist, verliert leichter das Vertrauen und sieht sich eher Gefahren ausgesetzt. Vertrautheit ist damit die „Voraussetzung für Vertrauen wie für Misstrauen, das heißt für jede Art des Sichengagierens in eine bestimmte Einstellung zur Zukunft" (Luhmann 1994: 22). Auch für Beobachter:innen zweiter Ordnung, die etwa ethnographisch im Feld unterwegs sind, ist das Vertrautmachen mit den Menschen und Dingen der erste Schritt auf dem Weg zum Verstehen.

Wahrscheinlichkeit

Wahrscheinlichkeit ist ein Erklärungsversuch für Zufälliges und Kontingentes. Eine zukünftige Realität kann aus gegenwärtiger Sicht wahrscheinlich oder unwahrscheinlich sein. Die Wahrscheinlichkeit einer Realität ist aber nicht zu verwechseln mit der Realität selbst. Für die Berechnung der Wahrscheinlichkeit müssen – wie beim Glücksspiel – die Optionen vorab bekannt und formulierbar sein. Das klassische Drama sieht die Katastrophe vor – in den Dramen der Realität bleibt ihr Eintreten unberechenbar.

Zukunft

Zukunft ist immer ungewiss und damit unsicher. Dem Managementforscher Peter Drucker wird der Satz zugeschrieben, dass die beste Art, die Zukunft vorherzusagen,

sie selbst zu kreieren sei. Daraus spricht zwar der bekannte Plan- und Machbarkeits-
optimismus der Wirtschaftswissenschaften. Trotzdem kann es lohnenswert sein, sich
möglicher Zukünfte und ihren Chancen gewahr und gewiss zu werden – gerade über
das Tabu eines Endes hinaus.

Was Sie aus diesem *essential* mitnehmen können

- Dass es sich lohnt, mit dem Tabu des Endes zu brechen
- Dass Vertrautheit eine Voraussetzung für Vertrauen ist
- Dass Kommunikation ein wesentliches Element von Verantwortung ist
- Dass eine erfolgreiche Katastrophenbewältigung das Ende offen thematisiert

Literatur

ADNAN, Etel (2004). Im Herzen des Herzens eines anderen Landes. Berlin: Suhrkamp

ARLT, Hans-Jürgen; SCHULZ, Jürgen (2019). Die Entscheidung. Lösungen einer unlösbaren Aufgabe. Wiesbaden: Springer

BAYERTZ, Kurt (2010). Verantwortung. In: SANDKÜHLER, Hans Jörg (Hrsg.), Enzyklopädie Philosophie: Bd. 3, Q–Z (S. 2860–2863). Hamburg: Meiner

BLUMENBERG, Hans (1987). Die Sorge geht über den Fluß. Frankfurt: Suhrkamp

BOURDIEU, Pierre (1998). Vom Gebrauch der Wissenschaft. Für eine klinische Soziologie des wissenschaftlichen Feldes. Konstanz: UVK

CODREANU, Aura (2016). A VUCA Action Framework for a VUCA Environment. Leadership Challenges and Solutions. In: Journal of Defense Resources Management (JoDRM), 7(2), S. 31–38

COLERIDGE, Samuel Taylor [1817] (1907). Biographia Literaria. Gloucestershire: Clarendon Press

DEUTSCHER BUNDESTAG (2013). Risikoanalyse „Pandemie durch Virus Modi-SARS". In: ders., Bericht zur Risikoanalyse im Bevölkerungsschutz 2012 (S. 5–6). Drucksache 17/12051

DUFOURMANTELLE, Anne [2011] (2018). Lob des Risikos. Ein Plädoyer für das Ungewisse. Berlin: Aufbau

DUFOURMANTELLE, Anne [2009] (2021). Im Fall der Liebe. Psychopathologie des Liebeslebens. Berlin: Brinkmann & Bose

ESPOSITO, Elena (2007). Die Fiktion der wahrscheinlichen Realität. Berlin: Suhrkamp

GALLING-STIEHLER, Andreas; SCHULZ, Jürgen; MÜLLER, Robert Caspar (2021). Selbstgewiss ins Ungewisse. Auftragskommunikation in der Krise. Wiesbaden: Springer

GREENBERG, Kerryn (2023). The struggle of memory. Berlin/Bielefeld: Kerber

GRUEN, Arno (1987). Der Wahnsinn der Normalität. Realismus als Krankheit: eine Theorie der menschlichen Destruktivität (25. Aufl.). München: dtv

HERMANN, Judith (2023). Wir hätten uns alles gesagt. Frankfurt am Main: Fischer

HORVILLEUR, Delphine [2021] (2022). Mit den Toten leben. Berlin: Hanser

ISER, Wolfgang (1983). Das Fiktive im Horizont seiner Möglichkeiten. In: HENRICH, Dieter; ISER, Wolfgang (Hrsg.), Poetik und Hermeneutik X. Funktionen des Fiktiven (S. 547–557). München: Fink

© Der/die Herausgeber bzw. der/die Autor(en), exklusiv lizenziert an Springer Fachmedien Wiesbaden GmbH, ein Teil von Springer Nature 2024
R. C. Müller et al., *Katastrophale Kommunikation*, essentials,
https://doi.org/10.1007/978-3-658-44864-6

KLUGE, Friedrich (1999). Etymologisches Wörterbuch der deutschen Sprache (Bearb. v. Elmar Seebold. 23., erw. Aufl.). Berlin/New York: de Gruyter

LEAR, Jonathan (2020). Radikale Hoffnung. Ethik im Angesicht kultureller Zerstörung. Berlin: Suhrkamp

LINK, Jürgen (2013). Normale Krisen? Normalismus und die Krise der Gegenwart. Konstanz: University Press

LUHMANN, Niklas (1973). Zweckbegriff und Systemrationalität. Frankfurt am Main: Suhrkamp

LUHMANN, Niklas (1990). Paradigm lost: Über die ethische Reflexion der Moral. Frankfurt am Main: Suhrkamp

LUHMANN, Niklas (1991). Soziologie des Risikos. Berlin: de Gruyter

LUHMANN, Niklas [1968] (1994). Vertrauen: Ein Mechanismus der Reduktion sozialer Komplexität, Stuttgart: Enke

LUHMANN, Niklas (2000). Organisation und Entscheidung. Wiesbaden: Westdeutscher Verlag

MARCH, James G.; SIMON, Herbert A. (1958). Organizations. New York: Wiley

MARQUARD, Odo (1986). Apologie des Zufälligen. Stuttgart: Reclam

MILLER, Daniel [2010] (2019). Der Trost der Dinge: 15 Porträts aus dem London von heute. Frankfurt am Main: Suhrkamp

MOSES, A. Dirk (2021). The Problems of Genocide. Permanent Security and the Language of Transgression. Cambridge: Cambridge University Press

OVESEN, Solveig Helweg; BECKER, Kathrin (2024). Poly. A Fluid Show. Katalog zur Ausstellung im KINDL – Zentrum für zeitgenössische Kunst. Berlin: Distanz

PERROW, Charles (1984). Normal Accidents. Living with High-Risk Technologies. New York: Basic Books

SCHUMPETER, Joseph A. [1943] (1993). Kapitalismus, Sozialismus und Demokratie (7., erw. Aufl.). Tübingen u. Basel: Francke

SCHULZ, Jürgen; MÜLLER, Robert Caspar; GALLING-STIEHLER, Andreas (2020). Auftragskommunikation. Für Unternehmen und Institutionen sprechen. Wiesbaden: Springer

SCHULZ, Jürgen W. (2022). Glossar der Sicherheitsgesellschaft. Gegen die Verlockung der Eindeutigkeit. Mit Collagen von Andreas Galling-Stiehler. Berlin: edition ästhetik & kommunikation

SCHUSTER, Jana (2017). Apokalyptische Poiesis. Zu Rilkes Roman »Die Aufzeichnungen des Malte Laurids Brigge«. In: BERGANDE, Wolfram (Hrsg.), Kreative Zerstörung. Macht und Ohnmacht des Destruktiven in den Künsten (S. 238–266). Wien: Turia + Kant

SENGER, Harro v. (2011). 36 Strategeme: Lebens- und Überlebenslisten aus drei Jahrtausenden. Frankfurt a. M.: Fischer

SHILLER, Robert J. [2019] 2020. Narrative Wirtschaft. Wie Geschichten die Wirtschaft beeinflussen – ein revolutionärer Erklärungsansatz. Kulmbach: Plassen

SINUS (2022). Ergebnisse einer Repräsentativ-Umfrage unter Jugendlichen. Eine SINUS-Studie im Auftrag der BARMER. (https://www.sinus-institut.de/media-center/studien/barmer-jugendstudie-2021, abgerufen am 12.02.2024)

TALEB, Nassim N. (2013). Antifragilität. Anleitung für eine Welt, die wir nicht verstehen. München: Knaus

ZUKUNFTSINSTITUT (2023). Megatrend Sicherheit. (https://www.zukunftsinstitut.de/dossier/megatrend-sicherheit/, abgerufen am 12.02.2024)

Printed in the USA
CPSIA information can be obtained
at www.ICGtesting.com
CBHW062149110924
14325CB00015B/348